AF229018

PRIX : 20 CENTIMES

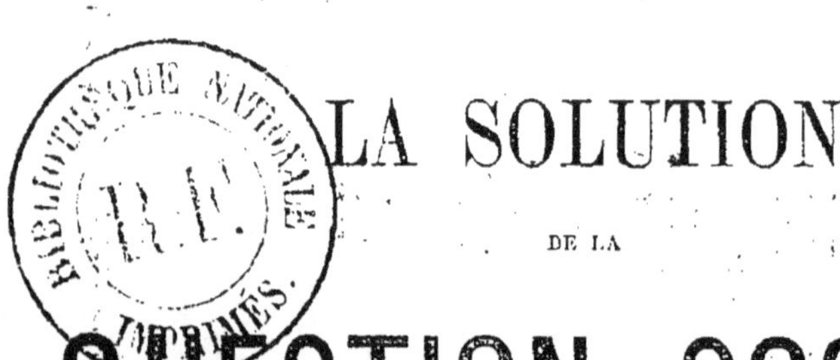

LA SOLUTION

DE LA

QUESTION SOCIALE

OU

ORGANISATION DE L'INDUSTRIE

PAR L'AFFRANCHISSEMENT DES CLASSES

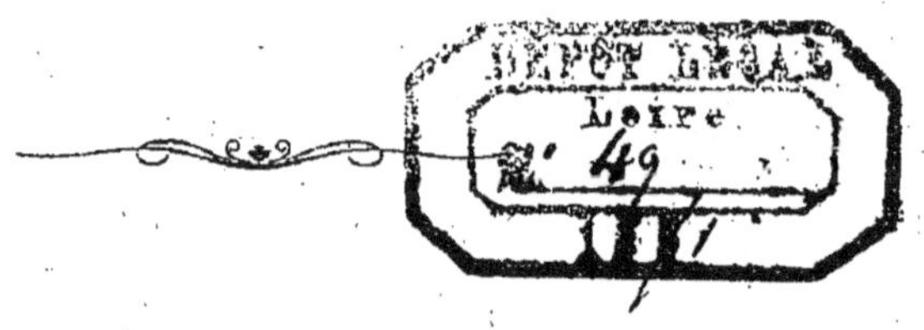

PRÉFACE

Avant d'aborder le sujet de cette publication, l'auteur a cru utile d'exposer quelques aperçus de sa manière d'envisager l'état général de l'univers et celui des sociétés humaines en particulier.

L'univers est l'ensemble complet de tout ce qui existe, a existé ou existera. Quatre éléments composent et remplissent toute l'existence universelle, ce sont : 1° le temps ou la durée; 2° l'étendue ou l'espace; 3° la substance ou les atomes; 4° le mouvement ou l'action. Ces quatre éléments sont également infinis et éternels, mais n'ont de puissance effective qu'étant unis ensemble.

Pour que la condition du mouvement de la substance soit manifestée, l'univers est composé d'une infinité de parties de divers degrés d'étendue et de complication qui

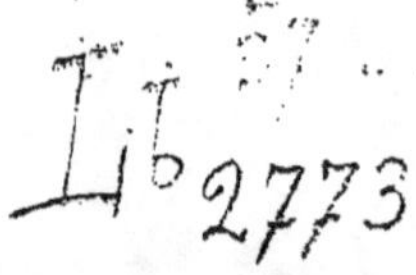
I^b 2773

se meuvent les unes dans les autres ou dans leurs dépendances, et d'autres à diverses distances avec une indépendance relative. Les parties à indépendance relative entre elles sont ce qu'on nomme des êtres organisés; mais tout être organisé est composé d'autres êtres organisés et sert à en composer d'autres.

Tout être organisé a en lui un centre d'attraction qui unit entr'elles ses parties et un centre d'attraction hors de lui auquel il est uni avec d'autres parties pour constituer un être organisé d'un autre ordre, l'univers excepté qui, pris en totalité, n'est qu'un seul être organisé composé par d'autres êtres organisés qui le sont en particulier par d'autres de moindre étendue, qui à leur tour le sont proportionnellement, et ainsi de suite jusqu'aux atomes, dernier degré de l'étendue.

Tout être organisé, quel que soit le degré de son étendue ou de sa vitalité, vit de la vie commune de l'univers et en fait partie inséparable. Son existence reproduit celle de l'univers d'une façon plus ou moins élémentaire.

Tous les êtres organisés ont la forme qui convient à leur existence. Ces formes, quoique variables à l'infini, ne changent en rien le principe du système organique commun entre tous, quelle que soit leur étendue.

Pour l'intelligence de notre sujet, nous classerons les êtres en deux genres qui sont : 1° les corps sphériques se mouvant dans l'espace et les corps membrés habitant la surface des corps sphériques. L'étude de l'existence des premiers étant une spécialité de la cosmographie, il suffit à notre sujet de leur reconnaître la qualité d'êtres vivants et organisés.

Les êtres membrés sont le produit des corps sphériques qu'ils habitent et en font partie intégrante à titre d'organes chargés d'y entretenir la vie ou l'action perpétuelle et de la régulariser au besoin. Pour atteindre ce résultat, des quantités d'atomes se massent en substances uniformes ou composées; d'autres, de genres divers, s'agglomèrent, se combinent, se forment en embryon organisé mû par l'impulsion générale d'un mouvement résultant de celui de chacune en particulier, puis se placent en rapport avec les éléments massés dont elles sont la base, pour constituer la substance en puissance mécanique ou autrement dit le règne animal.

Le règne animal étant formé par la rencontre de diverses substances, dont les atomes qui en sont la base se sont mis en communication, les individus de ce règne ont besoin pour exister de s'assimiler continuellement de nouvelles substances, afin que de nouveaux atomes de base continuent l'action commencée. Pour remplir cette fonction, ils sont pourvus de quatre appareils qui sont : 1° la gorge et l'estomac, siége de l'introduction et de l'élaboration des aliments ; 2° le ventre ou réservoir de la substance préparée et fonction de répartition ; 3° les membres en fonction de déplacement et de travail à l'extérieur ; 4° la tête ou appareil des sensations extérieures et de la volonté.

Pour se procurer les matériaux nécessaires à leur conservation, la plupart des animaux ont à surmonter ou à éviter une foule de difficultés qui varient selon le temps et les lieux où ils sont placés, ce qui les oblige à une sorte de lutte et d'apprentissage perpétuel dans lesquels chacun met en œuvre son expérience et son activité. L'utilité de cette condition de la vie animale est que chaque individu mette en action toutes les substances contenues en lui, afin que par une sorte de contre-coup chacune le rende à la masse associée *et vice versâ*.

Le mouvement perpétuel des atomes et la rapidité de leur action les conduit à toutes sortes de combinaisons dans les organisations de leurs masses. Ce n'est que graduellement qu'elles transforment ou modifient les races animales ou qu'elles en produisent de nouvelles, qui utilisent les matériaux déjà préparés. C'est pourquoi certaines races s'alimentent avec la chair d'autres races, ou les détruisent si les matériaux qu'elles absorbent peuvent leur servir.

Au nombre des animaux de cette espèce destructive, habitant la terre, le plus complet du genre c'est l'homme. Ses nombreux besoins de conservation l'obligent à une lutte plus opiniâtre et à des procédés plus compliqués que ceux des autres animaux : ce n'est que par un travail incessant qu'il peut arriver à les satisfaire.

Un grand nombre d'hommes, séduits par l'idéal du repos, ont méconnu la loi du travail et ont trouvé plus commode de s'emparer par la violence du fruit du travail de leurs semblables. Ils se sont organisés dans ce but en cachant leur vrai motif sous les rubriques de droits de conquête, de naissance, d'honneur national, de défense des intérêts religieux, etc.; et tandis qu'une sorte de croyance inculquée par les intéressés tente de soumettre la terre à ce désordre, le travail et l'industrie en souffrance réclament une réorganisation sociale dans laquelle tout être humain valide ait le droit ou le devoir de travailler et de vivre en travaillant.

C'est en s'inspirant de ces principes que celui qui écrit ces lignes a cru remplir un devoir sérieux en s'occupant de découvrir et d'élaborer pour l'humanité entière une voie infinie assez spacieuse pour que tous puissent y trouver la satisfaction de leurs besoins de tout genres, en conciliant la liberté de chacun avec ses droits et ses devoirs; cette voie c'est l'*industrie organisée* sur la base des services mutuels et du salariat.

L'industrie organisée est seule capable de produire l'abondance et la moralité; elle prédisposera les individus et les peuples à la fraternité en leur faisant remplacer leurs luttes fratricides par celles plus avantageuses et plus glorieuses du travail et de l'intelligence.

Mais pour que l'industrie accomplisse ces prodiges, il faut que les travailleurs de tout rang et de toute industrie réelle lui prêtent leur concours actif et qu'ils reconnaissent qu'il n'est qu'un seul capital, c'est le service, c'est l'individu qui le rend.

Il est du devoir de tout être humain de débarrasser l'industrie de ses entraves en séparant par soi-même la cause qui la ruine de celle qui la sert, en collaborant à l'organiser selon les principes contenus dans les pages suivantes; car elle seule, dans ces conditions, est capable de rendre au centuple les services qu'on lui aura prêté; c'est par elle que les nations prospèrent et grandissent, et c'est en méconnaissant sa puissante et persuasive voix que les nations faiblissent et succombent.

L'organisation de l'industrie est très-simple en principe et très-varié dans ses développements, il ne s'agit que de faire de l'ordre en groupant les individus de même profession et de même spécialité industrielle pour en former douze corps principaux qui s'administrent eux-mêmes par le suffrage appliqué au travail, et s'unissent à égales parts pour constituer leur gouvernement général; il s'agit d'universaliser le salariat en établissant des tarifs propres à chaque genre de service, afin que chacun reçovie le prix de ses services.

ORGANISATION SOCIALE

CHAPITRE PREMIER

Conditions des humains dans la société réorganisée,

> Ceux qui viendront au siècle de la résurrection
> ne se marieront plus.
>
> (J.-C. Luc, *chap. 20, v. 35.*)

Art. 1ᵉʳ. — Tous les individus des deux sexes sont libres et déliés les uns envers les autres, chacun ne se doit qu'à la société; ils ne peuvent de leur action privée ni aliéner leur liberté ni se vendre entre eux le temps dont ils disposent, ni leurs services, ni autres choses.

Art. 2. — Les voies de la génération sont libres du consentement des individus, la cohabitation des sexes ne peut être obligatoire; les parents pourront reconnaître leurs enfants et leur donner les soins du premier âge, ils seront rétribués pour ce service.

Art. 3. — Les enfants sont tous élevés sur les frais généraux de la société, d'abord dans les localités où leurs parents résident et ensuite dans des centres plus en rapport avec les besoins de leur âge et de leur instruction, où de là ils pourront, selon leur gré ou vocation, s'enrôler dans les corps mobiles de volontaires et voyager jusqu'à ce qu'il leur plaira de s'établir.

Art. 4. — Il existera des légions mobiles de volontaires composées de jeunes gens des deux sexes et de tous les services, chargés des grands travaux de communication et de colonisation ou de l'implantation de nouvelles industries dans les contrées où il sera utile.

Art. 5. — Toutes les fonctions d'ordre social et tous les travaux utiles sont érigés en services publics, composés par groupes possédant chacun en collectivité son matériel d'exploitation et régis par deux administrateurs relevant chacun de la partie du groupe qu'il représentera.

Art. 6. — Chaque groupe électoral est en deux parties, l'une industrielle et l'autre de services divers d'entretien; il n'existe que dix genres d'industries de groupes et deux de services divers.

Art. 7. — Chaque administration des douze services possédera une heure chaque jour tout le réseau télégraphique communiquant entre les divers degrés de puissance et chacune possédera les imprimeries pour les besoins de son service.

Art. 8. — La semaine est de douze jours. Chaque service a son jour particulier pour traiter publiquement ses affaires professionnelles, donner des banquets ou faire des réunions, afin que chacun possède à tour de rôle les grands établissements d'assemblées publiques; chacun des douze services aura aussi son mois particulier dans l'année pour faire ses élections, renouveler son personnel, faire ses déplacements.

Art. 9. — Il sera établi un système de monnaies ou valeurs courantes qui ne représentera que le prix du service qui en sera la base; l'unité de valeur sera l'heure de travail moyen, avec ses décimales; viendront ensuite les pièces de dix heures, de dix jours, de dix semaines, de dix mois, etc., selon les besoins des changes. Les compositions telles que papiers, cartons, etc., ou de genre équivalent, seront employés à la confection de la monnaie, selon les conventions adoptées entre puissances.

Art. 10. — Chacun des dix services industriels aura une part égale sur la totalité des valeurs; cette part de chacun sera frappée à son emblême ou blason ou la couleur de son industrie; chaque service soldera son personnel avec, et leur cours sera commun entre tous les services et toutes les contrées.

Art. 11. — Les exploitations, échanges ou entreprises, ne peuvent être opérées entre puissances de même degré, chacune traite directement avec l'administration qui la régit. L'individu traite avec les directeurs des groupes avec lesquels il est en rapport, les groupes traitent avec le local, le local avec la commune, celle-ci avec le canton, le canton, etc. (Voir les degrés de la puissance, page 16.) Ainsi, l'individu peut acheter et vendre, voyager, dépenser, travailler, entreprendre à prix fait, il a toujours à son service des administrations constituées dans chaque genre, qui le soldent de ses travaux ou reçoivent le prix de ses dépenses.

Art. 12. — Le trafic des animaux, des plantes et de toute substance première, est nul de droit. Chacun ne peut prétendre qu'à la stricte rétribution de ses services réels et à l'emploi de son temps.

Art. 13. — Il ne peut exister que deux conditions sociales qui sont : l'*Active* et la *Passive*. Dans la première, l'individu fait partie d'un service organisé où il travaille; il est électeur et éligible dans sa profession et comme tel est salarié. Dans la seconde, l'individu est indépendant de tout service, ne jouit d'aucun droit social, et s'il ne dépense aucune valeur acquise antérieurement, est tenu d'accepter la situation que les membres actifs voudront lui faire. Chacun est libre de choisir celle qui lui convient.

Art. 14. — Les devoirs sont proportionnels aux droits pour tous, sans exception de sexe et d'âge : les devoirs sont les services et travaux à réaliser, et les droits sont leur juste rétribution avec la liberté nécessaire aux moyens d'acquérir et de dépenser.

Art. 15. — Tout individu valide qui se met au service de la société a droit à un appartement meublé et à toutes choses nécessaires à son existence. Ses dépenses courantes ne peuvent compter que du jour où la société utilise ses services. C'est aux administrations à pourvoir au placement de toutes les forces sociales.

BIBLIOTHÈQUE NATIONALE R.F. IMPRIMÉS

Art. 16. — Tout individu, quelque soit son genre d'aptitude ou de service, est tenu (s'il veut être salarié) de faire partie d'un groupe où sa profession a son emploi. Les administrations qui l'auront fait travailler le solderont, il pourra de la sorte posséder en particulier des valeurs courantes représentant les salaires de ses services.

Art. 17. — Tout individu peut faire partie de n'importe quel groupe, avec le consentement du chef, et peut cesser d'en faire partie quand bon lui semble ou passer de l'une à l'autre de la même façon ; les chefs de groupes constitués en administration se reverseront mutuellement une partie de leur personnel, en raison des circonstances périodiques produisant un surcroît de travaux, tantôt pour l'un, tantôt pour l'autre. Ce principe est applicable à tous les degrés de puissance et de genre de service.

Art. 18. — La Société n'a qu'une loi, celle des tarifs, et qu'un moyen de l'appliquer, rétribuer chacun selon l'utilité de ses services par le *salariat* universel ; elle ne pratique aucun moyen de répression ni d'intimidation envers les individus ; elle fait à tous les mêmes avances de l'existence. Passé ce terme, elle ne doit plus rien à qui ne lui rend rien ; elle peut toujours reprendre à l'individu ce qu'elle lui a avancé. car elle ne reconnait à chacun d'autre propriété que celle qui représente le prix de ses services.

CHAPITRE II

CONSTITUTION

Organisation industrielle.

La société ne forme qu'un corps et qu'une puissance, quelle que soit son étendue et le nombre d'individus qui en font partie. Ce corps est composé de dix membres principaux de puissance égale et de fonctions différentes, mis en communication entre eux par quatre organes principaux, et un gouvernement en deux parties, composé de la collaboration à part égale des dix membres.

Les dix membres du corps social font cinq parties doubles remplissant les dix fonctions qui suivent.

1 **ALIMENTATION,**	partie végétale.		Fruits, légumes, céréales, boissons, etc.
2 **ALIMENTATION,**	—	animale,	Chair, graisse, laitage, etc.
3 **VÊTEMENT,**	—	végétale,	Cotonnade, lingerie, chanvre, parure, etc.
4 **VÊTEMENT,**	—	animale,	Lainages, soieries, pausseries, cuirs, etc.
5 **MEUBLE,**	—	végétale mêlée,	Bois dur, os, ivoire, carton, papier, etc.
6 **MEUBLE,**	—	minérale,	Marbre, métaux, fer-banc, etc.
7 **USTENSILES,**	—	végétale minér.	Bois, ivoire, terraille, etc.
8 **OUTILS,**	—	métallique,	Fer, acier, fonte, etc.
9 **CONSTRUCTION,**	—	végétale métal.	Bois, fonte, fer, zinc, etc.
10 **BATIMENT,**	—	minérale,	Pierres, briques, plâtre, ardoises, etc.

Les fonctions organiques sont :

1° **AGRICULTURE,** Culture et extraction des matières premières.

2° **SERVICES GÉNÉRAUX,** Magasinage, roulage, restaurant, hygiène.

3° **INDUSTRIE,** Préparation et transformation des matières premières.

4° **ADMINISTRATION,** Centralisation des volontés gouvernementales, instruction.

Les deux parties du gouvernement sont :

1° Celle de l'**industrie,** avec la part de l'agriculture, comprenant la culture et l'extraction.

2° Celle des **services généraux,** avec la part agricole comprenant l'élevage,

Chacun des dix membres du corps social ayant une part égale dans les quatre fonctions organiques, celles-ci font à leur tour quatre parts de chaque membre, ce qui porte à quarante le nombre des services sociaux. Chaque service se divise en spécialités (voir la fig. page 8), tous ces services fonctionnent ensemble dans chaque degré de la puissance, depuis le groupe jusqu'au gouvernement de la terre; chaque degré possède la part proportionnelle qui lui revient de la même organisation.

Organisation de la puissance.

La puissance générale est formée de l'ensemble de tous les individus organisés en industrie; elle comprend divers degrés d'ordre et d'étendue qui relèvent tous les uns des autres, en commençant par l'individu et finissant à l'unification de la terre. Ces degrés sont ainsi qu'il suit :

1° L'*individu*, composé d'un ensemble de parties organisées dont l'entretien réclame des services de la part de plusieurs de ses semblables, et lui fournissent en même temps les moyens de leur rendre le réciproque, ce qui le destine à vivre en société.

La puissance organique de chaque individu est en denx parties : l'une fonctionne pour l'entretien général de son intérieur et a son centre d'action dans le ventre, l'autre partie fonctionne dans les rapports de l'individu avec l'extérieur ou la société et a son centre d'action dans le chef membre nommé la tête.

2° Le *groupe de base* est composé d'une société de vingt-quatre à quarante personnes des deux sexes à parts égales, dont une moitié remplit les fonctions de l'intérieur (voir la fig.   ) et l'autre moitié pratique une des dix industries contenues dans la série des membres sociaux, afin de fournir à la série d'autres groupes de son ordre nommée le Local une somme de service égale à celle à recevoir.

Chaque groupe de base ne peut pratiquer qu'une seule des dix industries contenues dans la série industrielle ou une de leurs spécialités, afin qu'il n'en existe que de dix genres.

Les groupes de base ayant des tendances à s'associer, devront autant que possible établir une certaine uniformité dans le nombre de leur personnel, afin de se compléter tous ensemble pour constituer la puissance de troisième degré.

3° Le *local* est la réunion de douze groupes de base dont le personnel de chacun a atteint 40, et dont les industries sont pratiquées par des groupes auxquels se sont adjoint deux autres groupes de même industrie, chargés de fournir à la commune une somme de services égale à celle à en retirer.

Pour constituer l'organisation locale, chaque groupe de base coopère à la formation de huit nouveaux groupes en fournissant chacun une part de leur personnel ainsi qu'il suit :

POUR SERVICES

Agricole, élevage,	femmes,		2 par groupes,	24
Agricole, culture,	hommes,		2 —	24
Restaurant, entretien,	femmes,		2 —	24
Hygiène, roulage,	hommes,		2 —	24
Enfants, 1er *âge,*	2 sexes,		2 —	24
Vieillards et invalides,	2 sexes,		2 —	24
Administration intér.	femmes,	$^{10}/_{12}$,	2 —	24
Administration extér.	hommes,	$^{10}/_{12}$,	2 —	24
Reste des groupes de base,			24 par groupes,	288

Population *minimum* du local,   480

—   *maximum*   —   672

La population des groupes de base redeviendra à 24 personnes toutes les fois qu'elle coopérera à la formation d'un nouveau degré de puissance, et elle formera un nouveau degré de puissance toutes les fois que les groupes de là série d'un degré seront parvenus à 40.

4ᵉ La *commune* est la réunion de douze localités, réunies et organisées entr'elles d'après le procédé qu'elles le sont chacune par les groupes de base, c'est-à-dire par dix localités dont les industries centrales composent la série et deux autres de même industrie pour constituer l'industrie centrale de la commune chargée de pourvoir le canton d'une somme de services égale à celle que la commune en recevra.

L'unité de l'organisation communale s'établit comme celle du local en prélevant de nouveau sur les groupes de base qui ont dû être tous parvenus à quarante personnes :

Agriculture,	2 part.,	4 par groupes	48 par loc.	576
Services généraux,	2 —	4 —	48 —	576
Enfants et vieillards,	2 —	4 —	48 —	576
Administration,	2 —	4 —	48 —	576
Population restant,	24		480	5760

Population *minimum* de la commune, 8064
— *maximum* — 10368

Lorsque tous les groupes de base d'une série de douze communes associables retourneront atteindre le nombre de quarante, elles pourront se constituer en cinquième degré de puissance.

5° Le *canton* est la réunion de douze communes organisées entr'elles exactement comme chacune l'est en particulier, avec les développements qui en sont la conséquence. Les groupes de base fourniront de nouveau les éléments nécesaires, les vieillards et invalides sont remplacés par la population passive.

Population de la série des communes réunies, 96,668
Pour l'organisation de l'unité cantonale, 27,748

Population *minimum* du canton, 124,416
— *maximum* — 152,164

6° Le *département* est la réunion de douze canton dont les groupes de base sont parvenus à 40 personnes ; ils sont organisés entr'eux de la même manière que chacun l'est en particulier par les communes ; sa population sera d'environ :

Population de la série des cantons réunis, 1,492,992
Population de l'organisation de l'unité départ^{le}, 331,776

Population *minimum* du département, 1,824,758
— *maximum* — 2,156,544

7° La *province* est la réunion de douze départements organisés entre eux comme l'ont été les différents degrés de puissance.

Population de la série des départements, 21,897,216
De l'organisation de l'unité provinciale, 3,981,312

Population *minimum* de la province. 25,878,528
— *maximum* — 29,859,840

8° La *nation* est la réunion de douze provinces organisées entr'elles comme le sont les départements, les provinces, etc.

Réunion des douze provinces, population, 310,542,336
Pour l'unité nationale, 47,775,744

Population *minimum* de la nation, 358,318,080
— *maximum* — 406,093,824

9° La *terre* est la réunion de dix nations organisées entre elles comme ci-devant, à l'exception que si la partie industrielle du gouvernement n'avait plus de relations à entretenir avec l'extérieur, elle pourrait être ralliée avec celle des services généraux, et l'atelier central des nations serait supprimé. Dans cette condition probable, le gouvernement général de la terre prendrait pour son organisation unitaire environ 119,437,360 person.
Réunion de la série des dix nations, 4,060,938,600

Minimum, 4,170,377,600

Administration.

Art. 1er. — La société est administrée par un gouvernement en deux parties égales, composées chacune d'individus élus aux suffrages des groupes de base. Une partie représente l'industrie et les relations extérieures, l'autre partie représente les services généraux et les relations intérieures. La première est tenue par l'homme dans la proportion de 10/12ᵐᵉ, et l'autre par la femme dans la même proportion.

Art. 2. — Les attributions administratives industrielles embrassent la direction de tous les travaux de main-d'œuvre; les administrateurs font les plans ou échantillons ou les reconnaissent, et les font exécuter et solder; ils s'occupent des échanges et des relations entre puissances, ils font la comptabilité qui les concerne et publient les comptes rendus périodiques à leurs administrés sur l'état général de leur corporation.

Art. 3. — Les attributions administratives des services généraux embrassent la direction de tous les services qui n'ajoutent rien à la matière première, tels sont les services du restaurant, de l'entretien, de l'hygiène, du roulage, des approvisionnements. de la tenue des magasins et entrepôts et la comptabilité, les services de l'enfance et de la vieillesse.

Art. 4. — Les parties agricoles nommées la grande culture, l'arboriculture et les extractions minéralogiques, sont du ressort du gouvernement industriel ; et les parties de jardinage, d'élevage, de celui des services généraux.

Art. 5. — Les attributions administratives sont en deux parties : l'une concerne l'état particulièrement organique de chaque corporation, et l'autre partie les rapports des corporations entr'elles.

Art. 6. — Les administrateurs régularisent leurs tarifs en commun ou les modifient à l'avantage des professions pénibles ou manquant de personnel, et concilient ensemble les intérêts de leurs administrés.

Art. 7, — Les degrés administratifs suivent ceux de la puissance et relèvent tous les uns des autres par une seule élection faite annuellement au groupe de base. Les élus se succèdent régulièrement tous les ans jusqu'à ce qu'ils soient parvenus au gouvernement général de la terre, ce qui exige une quinzaine d'années.

Art. 8. — Chaque degré administratif est en deux parties qui exigent chacune une année de fonction ; une partie concerne les rapports entre les membres d'une même série par l'action administrative qui la régit et l'autre les rapports de ladite administration avec la série des puissances de son ordre, la première est exécutive, la deuxième est délégative.

BIBLIOTHEQUE NATIONALE
Désinfection 19 84
N° 9777

Art. 9. — Tous les administrateurs sont égaux entre eux dans chaque degré de puissance, ils ont tous uniformément un demi groupe de base pour électeurs, et chacun n'a de puissance qu'en raison de la place qu'il occupe dans le règne de son industrie.

Art. 10. — Toute place administrative devenue vacante par suite d'une éventualité quelconque, sera réoccupée à la suite d'une élection faite au groupe de base d'où elle relève, par un ex-administrateur en disponibilité, si faire se peut.

Art. 11. — Tout administrateur peut se démettre librement de ses fonctions en remplissant quelques formalités nécessaires envers le groupe d'où il relève, et ne peut être destitué que par la volonté unanime dudit groupe.

Art. 12. — La partie administrative des services généraux suivra la même marche ascendante que la partie industrielle; elle l'accompagnera tous les ans dans chaqne degré de puissance jusqu'au gouvernement de la terre où les deux parties se réuniront; elle aura aussi le groupe de base pour électeurs.

Art. 13. — Les légions mobiles ont le même mode d'organisation que les services susdits; leurs administrateurs relèvent également de leurs groupes de base, mais les services et travaux qu'elles ont à exécuter leur sont commandés par les puissances-constituées d'où elles relèvent.

Figure 1re. — Division du temps

JOURNÉE.		SEMAINE.		ANNÉE.	
Servi,		Servidi,		Servitaire,	janv.
Carni,		Carnidi,		Carnifère,	févr.
Lani,		Lanidi,		Lanifère,	mars.
Mobli,		Moblidi		Moblaire,	avril.
Métali,		Métalidi,		Métallifère,	mai.
Bati,	Heures	Batidi,	Jours	Batissaire,	juin.
Pierri,		Pierridi,		Pierrifère,	juillet.
Outili,		Outilidi,		Outillaire,	août.
Boisi,		Boisidi,		Boisère.	sept.
Véti,		Vétidi,		Vétissaire,	oct.
Fructi,		Fructidi,		Fructifère,	nov.
Fourni,		Fourmidi.		Fournissaire,	déc.

Tableau comparatif des nombres de chaque degré de la puissance et de leur poppulation.

	NOMBRE en degrés de la puissance.		POPULATION de chaque degré.	Population des Ateliers centrals
La Terre,	1		illimité. 4,170,377,600	
Nations,	10	Maximum,	406,093,824	7,962,637
		Minimum,	358,318,080	5,971,978
Provinces,	120	Maximum,	29,859,840	662,885
		Minimum,	25,878,528	497,664
Départements,	1440	Maximum,	2,156,544	61,472
		Minimum,	1,824,768	41,472
Cantons,	17,280	Maximum,	152,164	4,600
		Minimum,	124,416	3,456
Communes,	207,360	Maximum,	10,368	384
		Minimum,	8,064	288
Localités,	2,488,320	Maximum,	672	32
		Minimum,	480	24
Groupes de base,	29,859,840	Maximum,	40	16
		Minimum,	24	12
Individus en groupes de base,	1,194,393,600		1	

	Nombre de groupes.	Nombre d'individus
Groupes camposés,	143,905,873	3,453,741,440
Croupes de base,	29,859,840	716,636,160
Total des groupes,	173,765,733	4,170,377,600

Les personnes addérentes au système de la Solution de la Question sociale sont invitées à se présenter, les dimanches, au domicile de l'auteur, pour s'entendre avec lui sur les moyens de réalisation.

MAURIN Auguste, *maison Vérilluc, su   de-Roc, côté du levant.*

Saint-Etienne, imp. Montgay.

BIBLIOTHÈQUE NATIONALE R. F.

www.ingramcontent.com/pod-product-compliance
Lightning Source LLC
Chambersburg PA
CBHW061220050726
47594CB00008B/3736